RÉPONSE

AU

CONFIDENT

D'UN GRAND PRINCE.

Occupé, ma chère Philose, des
qui peuvent rendre les hommes h
viens d'adresser une lettre, dont c
la copie, à un de mes amis auquel t
accorde ses faveurs. Elle est en ré
celle qu'il m'a écrite pour m'apprend
jouit de toute la confiance d'un grand

Si les observations que je lui fais
ton approbation, je me glorifierai
avoir envoyées.

RÉPONSE

AU

CONFIDENT

D'UN GRAND PRINCE,

PAR

ÉTIENNE SALIGNAC FÉNÉLON,

auteur du Rustre et du Citadin tel que je

le peins dans mes ouvrages.

À PARIS.

1808.

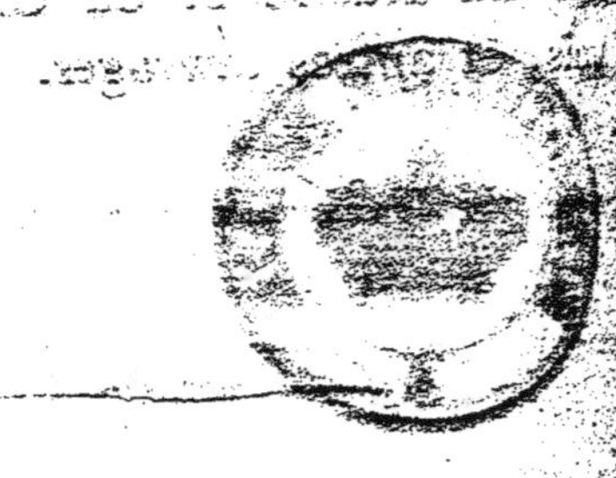

RÉPONSE

AU

CONFIDENT

D'UN GRAND PRINCE.

J'APPRENDS avec joie que tu as enfin trouvé un port loin de ta patrie, il est vrai, mais, en philosophe chrétien tu dois regarder le monde comme un seul peuple et chaque homme comme un de tes alliés. Je conviens avec toi qu'il est douloureux d'être séparé des compagnons de son jeune âge, de ne pouvoir se promener dans les lieux qui nous ont vu naître, et d'être privé des caresses de ses vieux parens. Pour remédier à ces désa-grémens, il faut savoir se résigner aux décrets de l'Éternel : car c'est lui, n'en doutons pas, qui, pour nous mettre à l'épreuve, nous éloigne de ce que nous avons de plus cher.

Si le moteur de l'univers t'a conduit sous un autre ciel, c'est qu'il veut que tu aides à sortir

de l'erreur un peuple nourri dans la mol
croupi dans le vice.

Que ta tâche est glorieuse ! que ton cœu
éprouver de plaisir, lorsque tu te dis : je
par mon exemple et par mes conseils , ra
cette multitude à la vertu.

Pour travailler à une si noble entrepr
me demandes de t'envoyer un projet de lo
tende à enchaîner peu à peu les passi
mon ami ! peux-tu t'adresser à moi ? As-tu
que je ne sais que ce que tu m'as appris
tu pas joint à ta riche imagination la conn
de l'humanité et ce que nos ancêtres n
laissé depuis leur établissement dans les
N'y trouves-tu pas le droit romain ? Ce
abondant en réglemens propres à tous les
de la société , ne suffit-il pas à tes dési
que je te fasse part de mes faibles réfle
Cependant ; puisque tu l'exige , je vais e
quelques-unes ; Dieu veuille qu'elles puisse
pérer à ton vaste dessein.

« Je retrancherai le mets le plus inutile
table de mes seigneurs, disait le bon HENRI
et tous mes sujets pourront mettre la pou
pot.» Ce prince, en parlant de la sorte,
que le luxe et la misère sont la source de
les maux. D'après les principes de ce sage
je crois qu'il faut commencer par attaquer

sommes *colossales*. Tout grand porte-feuille est
non-seulement redoutable à l'autorité souveraine,
mais encore il l'est à l'intérêt du peuple. Jusqu'à
ce que la religion ait ramené la fidélité et la
bonne foi, l'argent sera le mobile de tout.
Par conséquent, celui qui pourra en répandre
trouvera des partisans, et vainqueur ou vaincu,
il fera beaucoup de mal ; premièrement, parce
qu'il arrêtera la régénération des mœurs et des
lois ; secondement, parce que c'est en vain que
l'on croit pouvoir étouffer une guerre intestine.
C'est un feu qui couve sous la cendre. Plus
l'incendie est retardé plus il est dangereux.
Les hommes au moins aussi à craindre que
les grands capitalistes, parce qu'ils en deviennent
souvent les agens, sont les prêtres des villes. Ils
ne répandent point l'or à pleines mains, au
contraire, ils le reçoivent en abusant de la crédule
adolescence ou de la tremblante vieillesse. Que
de filles, sans eux, auraient trouvés dans les coffres
de leurs pères des sommes assez considérables
pour les faire vivre sans être obligés de devenir
des intrigans ! Que d'épouses auraient respecté
le nœud conjugal ! Enfin, que de filles, sans eux,
auraient atteint leur cinquième lustre sans avoir
blessé l'aimable innocence ! Ces corrupteurs fe-
raient bien moins de victimes de leurs odieuses
passions, si, dans les prières publiques et dans

les prières particulières, l'on insérait, comm[e]
des principaux articles de foi, la conduit[e]
doit tenir un directeur près de sa pénitent[e]
que l'on y observa que celui qui s'en écarte [...]
être dénoncé au magistrat et traité d'hypo[crite.]

Tu me marques que quelques personnes vo[ient]
avec plaisir la médiocrité des pensions acco[rdées]
aux curés de campagne. Je t'avoue que je [ne]
suis nullement de ce sentiment. C'est, je c[rois,]
autoriser ces pasteurs à se procurer des rev[enus]
indirects par des voies illicites ; parce qu[ils]
seuls sont susceptibles de soulager le vrai [mal-]
heureux ; puisque, dans le fond des provin[ces,]
il n'y a ni hôpital, ni bureau de bienfais[ance.]

Si la misère force bien des gens à de[venir]
coupables, il faut ne point suivre les con[seils]
des courtisans qui, dans l'intention d'augme[nter]
leurs revenus en trafiquant de la sueu[r de]
l'infortuné, prétendent que l'aisance ren[d le]
peuple insolent. Il faut mettre les plus for[tes]
impositions sur tout ce qui est objet de lu[xe,]
et les moindres sur les revenus fonciers, [en]
évitant que le colon ne soit point seul char[gé]
de ce dernier fardeau, comme cela se pratiqu[e]
et s'est pratiqué de tous les temps. A cet effet, [il]
s'agit de forcer à ce qu'il soit déposé un double [des]
actes et des sous-seings privés de toutes les ferm[es]
à la mairie qui sera tenue de les faire pass[er]

préfet du département ainsi que le produit
des terres cultivées sans être affermées. Par ce
moyen le gouvernement connaîtra seul les
taxes foncières et il pourra empêcher que
les propriétaires n'exigent de leurs métayers
plus de la moitié de la taxe imposée à chaque
arpent de terre.

Puisque, jusqu'à ce jour, le riche a regretté
le temps où le cultivateur était serf, il faut
craindre qu'indirectement il le traite comme s'il
l'était encore. Parconséquent, le magistrat doit
veiller constamment à ce que justice lui soit
rendue et empêcher que la tyrannie ne fasse
des malfaiteurs. Mais, me diras-tu, si le magistrat
lui-même de la classe du riche, ne pourra-t-il
pas tolérer ou autoriser les vexations puisqu'il
y sera intéressé? Je sens que cela arriverait si,
tous les ans au moins, deux des membres du
corps municipal n'étaient remplacés par d'autres
cultivateurs et si ces derniers ne pouvaient
porter plainte à une autorité supérieure dont le
pouvoir émanerait directement du souverain. En
outre de ces deux précautions, l'on peut former
un conseil, sous le titre de société d'agriculture
municipale, composé des plus vieux laboureurs
dont l'une de leur principale occupation serait de
s'assembler trois à quatre fois chaque année
pour vérifier si la paresse n'a point fait négliger

les soins dûs à la terre, pour vider les
différens et pour recevoir les réclamation
les colons auraient à faire contre leurs m
et ensuite les porter à l'officier, char
rendre justice. Ces espèces de tribunaux
casionneraient aucun frais et maintien
l'ordre en perfectionnant l'agriculture. Ay
occasion de m'appercevoir que la sévérité
plus de coupables qu'elle n'en corrigeai
crois que la clémence est le plus sûr moy
ramener à la raison l'être qui s'en égare,
comme il arrive souvent que celui qui
n'est point susceptible de sentir le seco
ces sentimens, il faut l'empêcher de dé
le premier pour diminuer le nombre des
heureux qu'il force par ses injustices à d
la proie du crime et le fléau de la société
atteindre à ce but, nulle passion ne doit
tout citoyen doit surveiller le juge ou le
trat et exiger pour sa récompense les app
mens de celui qui, soit par ignorance, so
faveur, soit par ressentiment, faussement
prête la loi.

Les grandes villes étant le lieu où germe
se concentrent tous les vices pour ensuit
répandre jusqu'au moindre hameau, il faut
dans leur sein de belles places et de be
jardins publics en donnant, pour dédomm

... des maisons que l'on abattra à cet effet,
... es de la couronne, à condition qu'elles se-
... cultivées par les ouvriers qui n'excelleraient
... dans les arts ou dans les métiers. Devenues
... populeuses, la police y serait facilement
... ; et c'est déjà beaucoup de pouvoir
... craindre d'être apperçu lorsqu'on a l'inten-
... de malfaire.
... regarde la lecture comme une des principales
... de l'immoralité. Une foule de petits
... quittent la ville, la tête remplie d'idées
... ques et de phrases fades et dégoûtantes,
... dans la campagne où ils communiquent
... goûts dépravés aux jeunes propriétaires,
... s'en servent pour abuser de la bonne
... leurs subordonnés. De cette manière se
... mille vices secrets qui détruisent in-
... ment la simplicité et toutes les vertus.
... d'imprimer tout ouvrage qui s'é-
... la vraie instruction; une revue de
... qui excitent les fougueuses passions suffi-
... pour arrêter ce torrent de maux. Malgré
... je sois d'avis que l'on fasse une grande
... dans la littérature, parce que la majeure
... des auteurs ne se contente pas d'être des
... dres ou de mauvais critiques, mais encore
... cherchent à induire en erreur en dénaturant
... mens de ceux qui ont écrit pour le

maintien de l'ordre et pour faire connaît
l'homme combien il peut, par son entende
se rapprocher de la céleste intelligence. Je
fâché de voir bannir du théâtre bien des piè
nous présentent la suite funeste du vice
fin heureuse de la vertu.

Une conduite qui n'est point punie, quoiq
traîne à sa suite la ruine et le désespoir, c'es
des suborneurs. L'on rit de savoir une fille a
ou une couche souillée au lieu d'assommer
ducteur et de faire exposer son cadavre à
des passans. Cependant, d'où naissent la dés
la désobéissance et tous les goûts du liberti
si ce n'est de là ? Il est dans la nature,
sais, que le mâle s'approche de la fem
mais il n'est point dans la nature que le
trompe sa femelle pour s'approcher de cell
autre mâle. C'est donc sur ce crime que le lé
teur doit s'appésantir plus que sur les au
puisqu'il réunit la perfidie à l'irréligion.

L'ingratitude, l'avarice cesseront de faire
ravages quand on aura élevé des statues
reconnaissance et donné des récompenses à
générosité. L'on ne prendra plus l'ambition
de l'émulation lorsqu'on fera aimer la dou
simplicité. L'amour-propre et l'orgueuil fer
place à la candeur à mesure que l'on instru
sans imposture qu'il y a une éternité.

souffre, pour ce qui a rapport à tout ce que [je] puis mentionner dans une lettre, que je renvois à *TÉLÉMAQUE*. Jette, si tu veux, un [regard] sur mon Second Rêve et en général sur mon hermitage (1).

Malgré que d'*Argenson* prétende avec raison que les bâtimens immenses chargent l'état de dettes, tu veux que je te donne le plan d'un vaste palais. C'est, je crois, t'éloigner des bases économiques qui font la sûreté et le bonheur, quoique ton projet soit, en réunissant dans un seul édifice l'agréable et l'utile, de détruire la grande partie des maisons royales dont l'entretien est incalculable. Sous ce point de vue je m'applaudis et je me hâte de répondre à tes désirs. Puisque la capitale du souverain duquel tu es le confident se trouve baignée par un fleuve qui roule ses eaux majestueusement au milieu d'une plaine fertile, tu peux facilement entourer d'eau un terrein uni que tu joindras à la ville par plusieurs ponts qui seront fermés par des grilles de bronze admirablement ouvragées. Cette enceinte, à laquelle on donnera la forme ovale ou celle d'un cercle parfait, sera soutenue d'une forte et large esplanade sur laquelle deux rangs d'arbustes plantés dans des vases antiques feront une promenade où

---

(1) Premier ouvrage de l'Auteur.

plusieurs allées intérieures et extérieures vie
aboutir ; partagée par petits bosquets en la
thes qui auront chacun un bassin soit d'eau,
fleurs ou de verdure, elle aura, dans son
au milieu de belles cours ornées d'obélis
de jets-d'eau, une élévation sur laquelle
portiques soutiendront un corps-de-logis ca
sera l'appartement du prince et celui de sa fa
bordée de marbre blanc, chaque façade
corps-de-logis aura une porte soutenue pa
colonnes de pierre couleur de cornaline ; le
du nord s'ouvrira sur une terrasse qui cond
une galerie où l'on conservera le buste et les
des héros vertueux ; la porte du sud s'ouvri
un parterre qui conduira à la galerie où l'on
les tableaux historiques des grandes actio
porte d'orient s'ouvrira sur un tapis de gaz
conduira à une galerie où l'on verra la
patriarches (c'est par cette galerie que le
passera pour aller à sa chapelle) ; enfin, la
de l'occident s'ouvrira sur une espèce de
lune qui conduira à la galerie où seront
sentés les principaux traits de perfidie des
(c'est par cette galerie que le prince pourra
chez son premier ministre) ; les croisées s
entre des pilastres dont le bas-relief représe
CÉRÈS instruisant les hommes dans l'art de l'agri
ture, MINERVE animant les sciences, et que

de subordination entre eux, c'est faire cra...
que, sous un roi pusillanime, il naisse un eu...
virat parce que, lorsqu'il s'agit de s'arrog...
droit de gouverner un état selon leurs inté...
leurs passions, quelques personnes savent b...
réunir en *décemvirat* ou en *triumvirat*. Ma...
sement ce qui peut se faire sous un prince...
s'exécute sous un roi ferme, si ceux charg...
soin des affaires sont égaux en autorité,...
que l'intérêt de se soutenir les porte à t...
per le monarque. Hé ! il est si facile d'em...
la vérité d'arriver jusqu'au trône. En outre...
grand inconvénient, l'augmentation des e...
absorbe les finances ; 1°. par les sommes qu...
le paiement des employés ; 2° . par la di...
tion qui est inévitable, quand les charg...
détails ont besoin de s'enrichir et quand...
moralité leur permet de se dire passe...
rhubarbe je te passerai le séné. De pl...
nombre des favoris et des favorites devie...
nombrable, parce que *monsieur le Scribe*...
siens comme *monsieur le Chef de division*...
là viennent des abus auxquels un ministr...
peut remédier vu que tout lui est présenté...
des couleurs fausses et qu'il craint de tro...
coupable celui que tel ou tel de ses confrèr...
a recommandé. Enfin, c'est favoriser la par...
inutilement ; car, il est à remarquer qu'il...

[...] tirés de la mythologie ; le faîte forme [...] plate-forme ornée de balustrade et d'un [...]ière d'où le prince, en respirant le frais, [...] sous ses pieds les citadins, empressés à [...] par de pénibles travaux, le nécessaire à [...]fans, et le laboureur, couvert de sueur [...] poussière, suivre d'un pas lent ses bœufs et [...]vaux ; dans l'intérieur, une boisure sculptée [...] de toute part que sans la justice il [...] point de paix et de bonheur. [...]oit si prévoyant que le tien dispense [...] dans une foule de détails fatigans. Je ne [...]rai point aux différens embellissemens que [...] faire sur les divers côteaux dont tu dis [...]le entourée. Tu sauras bien élever ici une [...] en mémoire de quelques actions arrivées [...] tel règne ; là un colosse où l'art et [...]tion s'unissent agréablement ; plus loin [...] destiné à recevoir le corps d'un sage [...]des, arcs de triomphe et des acqueducs [...] à approvisionner les abrevoirs publics [...]particuliers, tels que le faisaient ceux que nous [...] dans la plaine qui sépare Rome de la [...]ntagne de *Frascati*, lorsque nous visitions [...]ble les augustes monumens des fiers Romains. [...]Relativement aux observations que tu me fais [...] gouvernement, si l'on multiplie les ministres [...]il y ait un second et un troisième rang

point d'administration mieux organisée que
celle où un individu compose et expédie. Ce
qui nous prouve cette vérité, c'est le proverbe
qui dit : que l'on n'est jamais plus mal servi que
lorsqu'on a beaucoup de domestiques, parce que
tous ne font rien dans la crainte d'être utiles à
leurs camarades ; au lieu que lorsqu'on a peu de
serviteurs chacun fait ce qu'il a à faire, et il le
fait avec exactitude.

Si l'on réformait les personnes attachées inutilement aux administrations, le commerce et
l'agriculture gagneraient bien des bras. Il est
sûr que moins de filles déserteraient la maison
paternelle pour être *entretenues* et pour finir leurs
jours à *Saint-Lazarre* ; mais combien d'écus de
moins sortiraient de la poche du propriétaire ?
Combien de banqueroutes frauduleuses ne reste-
raient point sans punition ? Parce que ceux qui les
font avent acheter le crédit de ces petits *éfatuités*
qui obtiennent à force de bassesses l'oreille des
magistrats de sûreté et de quelqu'autre personne
en autorité supérieure.

Selon ma manière de voir, il y a de trop
les deux tiers des commis, des avocats, des
notaires, des huissiers ; enfin, de ces gens qui
se disent des gens d'affaires. Je sais que la
quantité des petits esprits, qui de tous les temps
se sont plus à mettre la main à l'ouvrage lors-

qu'il a été question de gouvernement, a telle[ment]
compliqué les règles, que cette foule d'homme[s]
est devenue nécessaire. Mais, puisque tu v[eux]
améliorer l'ordre des choses, il faut ramen[er]
tout à la simplicité en t'opposant à ce qu'à l'av[enir]
les réglemens ne soient point en contrad[iction]
avec les lois, et en obligeant que les actes s[oient]
conçus en termes clairs et concis. Pour c[ela]
faut n'admettre dans les places que des perso[nnes]
érudites et qui aient prouvées par un strict [exa-]
men qu'elles sont dignes de les occuper. C[ette]
observation te fait voir que je ne suis nulle[ment]
partisan de la vénalité des charges, ni des élec[tions]
qui sont les voies par lesquelles l'intrigant s'a[pro-]
prie l'autorité. Puisqu'on ne peut plus, com[me]
cela s'est pratiqué et se pratique encore da[ns la]
plupart des nations hors de l'Europe, recevo[ir et]
payer en nature, il faut craindre d'imiter [les]
personnes qui ne s'apperçoivent pas qu'el[les ex-]
cèdent leurs revenus par la facilité qu'elles [ont de]
faire circuler du papier. Car, pour un état o[béré,]
tout moyen ordinaire devient inutile. Il faut [re-]
courir à des remèdes qui sont souvent pires q[ue le]
mal même. L'exemple des gouvernemens q[ui]
sont écroulés et celui de ceux qui menacent [ruine]
sous le poids de leurs dettes, doivent toujou[rs]
être présens à ta mémoire.

Il me reste, pour répondre à tous les a[utres]

de ton obligeante lettre, à te parler de ce qui
me paraît le plus intéressant ; je veux dire la
surveillance : car tu sais que sans elle tout est
fraude et rapine ; les meilleures lois même deviennent l'appui des abus. C'est d'après cette
persuasion, me diras-tu, qu'ordinairement chaque
administration a son inspecteur ; cela est vrai :
mais cet homme est connu, et si l'on ne peut
le corrompre, l'on saura lui soustraire bien des
choses qui souvent sont ce qu'il importe le plus
à mettre au grand jour. Ne t'es-tu jamais apperçu,
soit lorsque comme moi tu étais détenu, soit
quand tu commençais ta carrière militaire, que
quelques jours d'ordre annonçaient une inspec-
tion ? Cela venait que ceux qui te gouvernaient
étaient persuadés qu'une caresse fait oublier à
l'homme généreux ou craintif de longues persé-
cutions. Puisque les colets brodés ne peuvent
tout au plus être que des palliatifs, pourquoi ne pas
avoir autant d'inspecteurs que d'employés ou plu-
tôt que de particuliers, en ne perdant point de vue
les principes de *Cicéron* qui veut que la moralité
de l'accusateur lui permette d'accuser. Celui qui
qui prouvera que tel ou tel a malversé prendra
la place ou du moins recevra pour récompense
les appointemens du coupable pendant une année.
Puisque l'intérêt est le mobile de la société, c'est
bien le cas de le faire parler.

Joint à cette manière de surveiller celle que peut exercer le prince en envoyant partout où il le croira nécessaire, et dans des momens inattendus, des censeurs qui ne se feront connaître que quand il sera utile de punir. Par ce moyen, il n'y aura point de tribunaux, ni de magistrats qui ne se croient toujours en présence de son juge.

Pour te dire un mot du commerce, je ferais que te rapporter ce que j'ai lu souvent dans *Télémaque*, ou je copierais ce que j'ai déjà écrit dans mon *Hermitage* et dans quelqu'autre de mes ouvrages. Celui qui est le moins étendu dehors me paraît le plus sûr et le plus convenable à une nation dont l'on veut réformer les goûts inutiles.

J'oubliais de te dire que l'agriculture refuse une partie de ses trésors depuis que les propriétaires diminuent le nombre de leurs domaines sous le prétexte de faire de grandes fermes. Cette réunion de ménage est nuisible, 1°. à la population; 2°. elle gêne l'indépendance que doit avoir le cultivateur : enfin, elle fait que l'on perd un temps précieux pour aller labourer un champ éloigné de la ferme. Nos anciens entendaient bien mieux leurs intérêts. Ils avaient soin de multiplier les peuplades; le père en mariant son fils lui faisait bâtir une chaumière au milieu du terrein qu'il lui donnait à cultiver; delà, il résultait que nulle

... ne restait inculte ; les hameaux étaient joints les uns aux autres par des vergers bien plantés et bien allignés ; l'on ne voyait pas, comme aujourd'hui, des ruines et des landes qui sont encore, par des traces de sillons, les preuves de l'activité de nos ayeux ; tout était en bois, en prés ou en labours ; alors le gouvernement n'avait pas besoin de recourir aux forêts du *Canada*, de la *Suéde* et de la *Russie* pour construire des vaisseaux ; les gréniers étrangers étaient inutiles ainsi que les troupes mercenaires : en un mot, l'on se passait de ses voisins.

En laissant une liberté entière au commerce et à l'agriculture, je voudrais que chaque curé fut tenu, au moins une fois par mois, de lire, en forme de sermons, les lois civiles et criminelles ; car il y a bien des personnes qui se garderaient de faire telle ou telle chose si elles savaient que cela fut défendu.

N'oublie pas la manière inhumaine et dispendieuse avec laquelle l'on lève les contributions. Fais que les communes soient libres sur les moyens de fournir la somme qui leur sera imposée. En les dispensant de collecteur et de sous-receveur, tu allégeras les fardeaux qui les accablent.

Si tu parviens à réunir les vertus des temps reculés aux beautés du siècle où nous vivons,

la postérité te devra une éternelle reconnaissance.
Pour moi, qui sais que l'on n'est pas toujours
heureux dans ses entreprises telles justes, telles
nobles qu'elles puissent être, je te promets de
t'aimer et de t'admirer jusqu'à mon dernier
soupir.

FIN.

De l'Imprimerie de ROUSSEAU, rue Poupée Saint-André
des-Arcs, N°. 7.